MW01641015

TANA HOBAN

De colores y cosas

SCHOLASTIC INC.

New York Toronto London Auckland Sydney

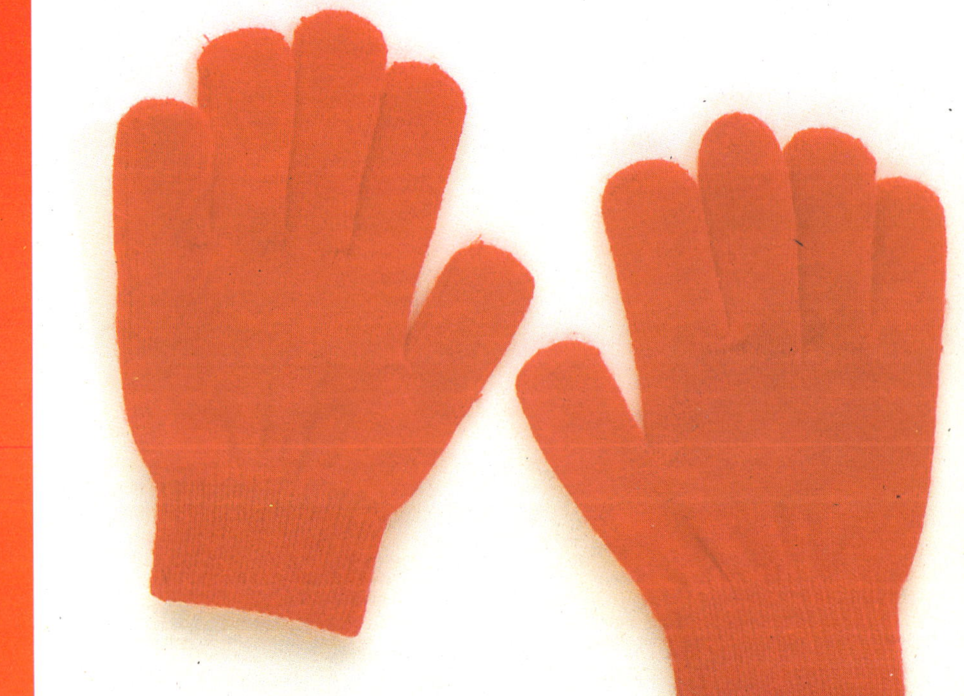

Crayola

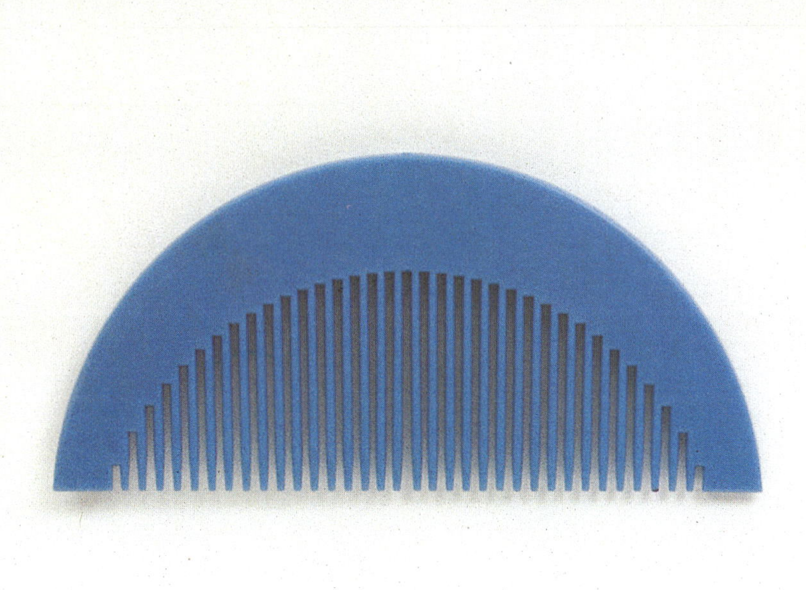

Flexible Flyer

LORUS
QUARTZ
JAPAN

TANA HOBAN ha exhibido sus fotografías en el Museum of Modern Art de New York y en galerías de todo el mundo. Ha recibido muchas medallas de oro y premios por su trabajo como fotógrafa y directora de cine. Sus libros infantiles son conocidos y admirados en todo el mundo.

Dedicado a Sophie y Silvie

Of Colors and Things/De colores y cosas

Printed in the U.S.A.
ISBN 0-590-46216-4

 Published by Scholastic Inc., 730 Broadway, New York, NY 10003, by arrangement with Greenwillow Books, a division of William Morrow & Company, Inc.

2 3 4 5 6 7 8 9 10 08 99 98 97 96